Séphanie Kikalage Patrick

Uvira la belle ville bientôt rasée de la carte

Séphanie Kikalage Patrick

Uvira la belle ville bientôt rasée de la carte

Société – Nature – calamité naturelle à Uvira/RD.Congo

Éditions Muse

Imprint

Cover image: www.ingimage.com

Publisher:
Éditions Muse
is a trademark of
Dodo Books Indian Ocean Ltd., member of the OmniScriptum S.R.L Publishing group
str. A.Russo 15, of. 61, Chisinau-2068, Republic of Moldova Europe
Printed at: see last page
ISBN: 978-620-3-86430-4

Biographie de l'auteur.

Né le 27 Mai 1999 à Uvira, Séphanie KIKALAGE Patrick a fait ses études primaires à l'EP KASENGA (2007-2012), ses études humanitaires à l'institut KITUNDU (2012-2018) dans la section pédagogie générale. Il est étudiant à l'Institut Supérieur de Développement Rural de Bukavu, dans le département de Genre et développement durable.

Passionné par l'écriture depuis son âge d'enfance. Il est poète et écrivain du recueil de poèmes Source de ma triste : publié aux éditions muse

Table des matières

Uvira la belle ville bientôt rasée de la carte

Société – Nature- calamité naturelle à Uvira/RD.Congo

PREFACE

Quelque chose peut arriver à qui que ce soit, à quoi que ce soit sans que l'Eternel le sache ? Et le permette ?

Dieu est maître de la nature, elle est à son service.

De prime à bord, nous compatissons avec notre ville d'uvira, pour tout ce qui lui est arrivé.

Si nous consistons les archives d'Israël, toutes les fois qu'Israël, marchait en dehors de la volonté de Dieu, des malheurs s'abattaient sur lui, Dieu haïssait Israël comme cela ? Non il voulait ramener son peuples à ces voies.

Notre patrie le Congo est meurtrie, pour quoi ? Fouillons les archives mémoriales pour voir si nous ne nous sommes pas écartés de la voie de Dieu.

C'est sûr quelque part nous nous sommes égarés et éloignés des voies de Dieu.

Nous voulons la stabilité ? La paix ? revenons à Dieu, il essuiera nos larme et nous vaincrons nos ennemis de l'intérieur et de l'extérieur.

Nous demandons à chaque congolais de revenir à Dieu et il arrangera tout pour nous et restaurera la paix au Congo.

Dieu n'a-t-il pas dit dans Jean 15-7 : Demandez tout ce que vous voulez, je vous l'accorderai mais à deux conditions :

- Si vous êtes dans ma parole
- Et que ma parole est en vous

Remplissons ces 2 conditions et Dieu canalisera tous les facteurs pour concourir à notre Bon heur ; La solution est seulement la et n'est pas ailleurs.

Que Dieu bénisse notre chère patrie et garde son unité.

KAPINGA SHAIDI

INTRODUCTION

Le monde est aux prises quotidiennes avec des calamités naturelles dues aux séismes, marins, souterraines ou tremblements de terre, aux folles pluies diluviennes, réchauffements planétaire,

Désertifications, changement climatiques, inondation entraînées par les dites pluies, tempêtes, tourbillons ou ouragans, éruptions volcaniques.

De l'Ouest à l'Est et du Sud au Nord la RD Congo connait des multiples catastrophes naturelles causées par des folles pluies torrentielles, vent très violents, tempêtes, tremblement de terre, inondation,

Uvira la belle a le 17.4.2020 été transformé en une île par des calamités naturelle dues aux folles pluies diluviennes, inondations séismes marins !

Alors une pire action déviatrice s'est déroulée dans la vie de la population d'Uvira !

En effet, ces pluies se sont déversées sur toute l'étendue de ladite ville. Elles ont causé des dégâts matériels écologiques, économiques humains incommensurables, toutes les activités scolaires académiques, scientifiques, commerciales furent sérieusement paralysées ou détériorées ! des raisons, ponts, voies de communication lacustres routière ont été sérieusement engraulis submergés et détruits par ailleurs des maisons des points dont sérieusement submergés et détruits s'agissant de l'écologie, des folles érosions dues par des folles pluies torrentielles ont sérieusement disloqué fissuré des montagnes, plaines, vallées emportés dans le lac Tanganyika.

En fin reconstruire et développer Uvira et sauver des myriades de vies humaines sans abris, passant des longues nuits à la belle étoile, aux prises avec l'insécurité sociale et alimentaire et redémarrer, toutes les activités vitales paralysées ou sérieusement détériorées.

Uvira de nos aïeux était rempli des arbres toute la ville était climatisée par la température de l'air, laissé par les arbres. Tous les Quartiers, avenues étaient entourés par des arbres, lac Tanganyika protégé par des roseaux et des eucalyptus pour protéger le lac Tanganyika de ne pas atteindre les maisons. Des rivières Mulongwe, Kalimabenge, Kavimvira étaient protégées par des arbres à gauche et à droite. A Kasenga, il y avait une plantation de citronnier, des orangers, Manguier, la vie dans ces années-là était doucieuse. La ville était verte par les couleurs des arbres, la chaine de Mitumba, colline, montagne de Munanira, plaine de la Ruzizi dans ces endroits, les arbres occupent une grande partie. Sur la montagne de Munanira vers Kayaja, il y avait une forêt on pourrait trouver des différents animaux comme l'Antilope, Gorille, Singe, Léopard etc. Les peuples qui vivent sur cette montagne, ils entendent des différents cris d'animaux.

L'agriculture sur cette montagne était interdite, pour ne pas affaiblir le sol. Sur le mont de Munanira l'ordre forestier était mis en place dans le but de ne pas détruire la forêt qui se trouve à Kayaja en coupant les arbres qui se trouvent dans cette forêt. La ville flamboyée par la température des rayons solaires en faible densité. Des routes praticables aux véhicules et aux commerçants de faire leurs commerces. Des vents produits par les arbres soufflent sur tous les coins d'Uvira. C'était une ville du bonheur que je rêvais voir et visitais durant toute ma vie.

MENACE A L'ENVIRONNEMENT

La ville actuelle d'Uvira est tombée en déclin, nos montagnes, collines, la chaine de Mitumba est déboisée. Toutes les plantes déboisées de feu des brousses autorisé. L'agriculture praticable sur les montagnes, toutes les cultures laissées par nos colonisateurs détruites. La forêt qui se trouve sur la montagne de Munanira est disparue par la menace de la biodiversité.

La plaine de la Ruzizi est déboisée, la conservation de l'environnement détruit, la terre d'Uvira est restée sans protections des arbres. Des maisons infectent des rivières, des arbres qui se trouvent au bord des rivières, lac déboisés par la population. L'air est devenu toxique, la vie devient dégoûtante provoque la propagation des maladies comme le paludisme.

La ville d'Uvira continu toujours à se démolir de jour au jour, des cassures de terre. Dans tous les coins d'Uvira, la vie des vivants sur la terre d'Uvira serra suspendue. La terre d'Uvira devient marécageuse, des rivières, lac, des ruisseaux se misent à la vengeance contre la population d'Uvira. Les peuples n'ont plus d'endroit à vivre tous les coins de la ville d'Uvira l'eau commence à se retrouver partout. Même sur la montagne l'endroit que les sources d'eau ne peuvent jamais quitter. L'eau commence à se retrouver à la montagne.

Le système amené par les musulmans appelé « Kipompa » dans tous les coins d'Uvira. Ce système est retrouvé pour aider la population d'Uvira de se servir à l'eau propre que ce soit sur les montagnes là où l'eau ne se retrouve même pas ; avec ce système de « Kipompa » l'eau est retrouvable. La ville d'Uvira est restée nue de dislocation des montagnes causée par la pluie. La route nationale n°5 emportée par l'érosion pluviale, la route qui mène vers la frontière disparue. La ville d'Uvira disparaîtra.

SEPHANIE KIKALAGE Patrick

Poésie de détresse

NUIT DE CRIS, LARMES, PLEURES ET SOMBRE

Le 17 avril 2020, les rivières Mulongwe, Kavimvira, Kalimabenge, et le ruisseau Nyarumanga, ce sont mises à la vengeance contre la population d'Uvira plus de 5 milles maisons détruites par les rivières, plus de 58 morts enregistrés dans la ville d'Uvira, les rivières ont débordé leurs lits, des cassures des montagnes causées par la forte pluie.

Les montagnes se disloquent, tuent la population. Des rivières, pluie, lac, s'irritent contre la population d'Uvira, le peuple d'Uvira est entré de courir sous l'ombre de la mort. L'eau du lac Tanganyika continue toujours à monter dans le sous-sol jusqu'à ce que va atteindre la bordure de la chaine de Mitumba. Des maisons construites en amont du lac, les eaux affaiblissent la terre, la terre devient marécageuse.

L'eau du lac et des rivières se sont mis en combinaisons une grande surface d'Uvira est occupés par les eaux du lac et des rivières. Une grande partie de la terre est marécageuse et comme l'eau du lac Tanganyika continue toujours à monter lorsque va atteindre la bordure de la chaine Mitumba et pourtant sur cette chaine de montagne de Munanira il y a le volcan mena les laves du volcan occupera une grande surface de la terre qui est marécageuse. Lorsque les laves du volcan occuperont une grande partie de la terre qui est marécageuse, Il y

aura l'éruption du volcan de Munanira.
Et cette éruption provoquera un déclanchement de terre plus grande que toute la ville d'Uvira sera en détresse. Uvira se déclenchera en presqu'une île, ce jour-là, il y aura un grand tonnerre que plus que ce qui est arrivé le 17 avril 2020. Toutes la République sera dans la funèbre. Que tout congolais soit éveiller ne soyez pas en dormis sur cet évènement qui nous a touché dans le territoire d'Uvira. Ce qui est avant nous est plus pire de ce qu'on vient de voir. En fin de prévoir les moyens de prévention que cet évènement qui est avant nous ne puisse atteindre son sommet, protégeons la nature.

UVIRA, VILLE TRANSFORMEE EN PRESQU'IL

Uvira se déclenche en île
Des cassures sur toutes l'étendus de la ville
La route qui mène vers la frontière disparue
Des rivières entourent nos demeures
Munanira en éruption
Des tremblements de terre
Provoquent des chutes rapides à Kala vers Kavimvira
A cause de la progression du mal, ils fuirent à
Bujumbura

Toute la République sera en détresse
Des cris des pleures couleront sans cesse
Alors la colère sera si grande
Qu'il n'y en a pas eu des pareilles
Depuis le commencement du monde
Et jusqu'à présent
Et qu'il n'y en aura plus
Alors l'obscurité enfermera le soleil

Des roches tomberont sur les hommes
Toute la ville sera envahie par la peur
Dislocations des montagnes
C'est jour-là il y aura une grande terreur
Les hommes et les femmes
Se trébucheront les uns les autres

En disant que les femmes ce sont porteuses de malheur
Sur la planète terre

Des guerres tribales les peuples se tueront
Et se détesteront
En divers lieux il y aura des morts
A ce jour-là il n'y en aura le plus faible ni le plus fort
Des vents, les pluies, se mettront en colères
L'esprit de l'abime se lèvera
Grandir, grandit qui vivra verra.

NUIT DE L'OMBRE

Rivière
Pluie
Cesses-toi que les gens ne pleurent plus
Changement de l'atmosphère
Querelle sur toute l'étendue de la ville

Des dislocations des montagnes
Attaquent toute la cité d'Uvira
Des rivières des lacs
Rendent la ville maléfique
Les habitants fuient leur nature
Pour se réfugier à Bujumbura

Des rivières, des lacs sont à la recherche de leurs places
La pluie, des rivières font la vengeance
Cris des secours
Les habitants subissent la souffrance
Meurent par la pluie
Une histoire de ma vie sans oubli

Des morts des enfants délaissés
Des écoulements des maisons

Sur la terre nous sommes venus apprendre une leçon
La pluie nous fait menacer
Les peuples remplis des larmes
Les peuples fuient on dira c'est la guerre d'âme

Les déboisements des plantes
Amené les malheurs sur la planète
Chaine de Mitumba déboisée
Toutes nos collines, montagnes, plaines rasées.

Des pluies des vents fertilisent les montagnes
L'éruption volcanique
Sur toute la ville d'Uvira
Toutes les nations fuirent leurs demeures
Des cris des pleures
Toute la ville brule

Des écoulements des montagnes sur la ville
Déclenchement de terre
On dira l'île
Oh ! Uvira
Oh ! Bafuliru
Bavira

CRIS DES ORPHELINS

Le ciel pleure des larmes
J'ai vu la souffrance des opprimés
Il n'y avait personne pour le consoler
Ils ont été isolés
Leurs oppresseurs
Ils étaient armés par une grande colère

Les peuples n'ont plus d'avenir
Des morts, des guerres, des massacres à répétition
Les femmes sont restées des veuves et les enfants orphelins
La famine, des morts, les peuples vivent en compétition
Des fortes pluies les peuples sont tombés en embuscade
Vers le ciel le chemin est barricadé

L'enfer libérer l'esprit de l'abime
La vie a tourné son film
L'espoir de vivre se brise
L'amour, la paix de leurs âmes sont confisqué
Larmes coules en abondance tueries, massacre, l'insécurité

La famine, la mort
Ebola, corona
Catastrophe naturelle encore ?

Sur notre continent
D'ici de là on les jette de grenades
Leur peau sent l'odeur, rejette par leur camarade
A gauche à droite ils ont enfermés par des chaines
Vers la mort que leurs âmes subissent la peine
Le monde injecte la haine
Que leurs peines ne soient pas pardonnées
On couronne la mort sur leur visage
Que vers l'enfer qu'il fasse voyage

Ils crient
Ils pleurs
Ils prirent
Que leur coupe de vie soit abandonnée
Dans ce pays de l'enfer
Que leurs vies de la souffrance ils mènent

Cris des opprimés
Abandonnés
Dans cette vie quotidienne
Que la puissance et la gloire vienne

L'HISTOIRE CATASTROPHIQUE

Si la pluie devrait nous présagé
On ne devrait pas tomber dans son embuscade
Les peuples uvirois sont devenus des nomades
Les toits emportés, ils n'ont plus même à manger

Dieu est vraiment mystérieux
L'érosion de terre tout le monde se furieux
On se base sur les confinements du corona
Dieu nous a puni avec son bateau gouverna

Oh ! peuples congolais dans la pandémie
La pluie est surmontée l'ennemie
Par ici, par-là nos partenaires pértes de vie
Je ne sais pas si dans ma mémoire se pourrait finir

Le monde est devenu jaloux
Les peuples considéraient comme des fous
Les disputes d'ici, delà dans la boue
Avec Ebola, corona le monde est mou

Regardons nos fautes commises à notre créateur
Lui qui est le seul sauveur
Repentons-nous à cet effet imeleur
Car à lui y a du bon bonheur.

RAVAGE

Tout celui qui vivra
Verra le pire de la terre
L'enfer empêchera le ciel
De ne pas avoir le contact avec notre sauveur
Menant le ciel s'obscurcira
Des foudres, et de tonnerre, la terre tremblera

Alors les âmes des martyrs recissiterons
Avec une grande colère
Et ravagerons
Tous les méchants qui ont bouleversé le pouvoir
Et divers lieu il y aura des portés disparus
Malheurs au m'étrilles ce jour là
Ils seront emportés par le pire

Ils chercheront le chemin à fuir
Mais il n'y en aura plus
Ils chercheront d'être enterrer
Car la colère de ces martyrs sera plus grande

Toutes les âmes qui ont perdus leurs sangs
Pour la liberté de l'Afrique
Ils se lèveront, et pleuront, à une colère plus puissante
Linge blanche sera étalé sur l'Afrique
Et toute l'étendue sera remplie de pigeons, des papillons
Les méchants seront disparus,
Et la parole dite par Kimbangu s'accomplira

L'Afrique sera unie
Tous les méchants seront punis
Des guerres tribales auront finies
En 54 états comme seules des nations-unies
Il y aura la liberté, l'égalité, la fraternité
L'Afrique vivra en solidarité.

RIVIERE POURQUOI ME LAISSE-TU ORPHELIN

Rivière pourquoi me laisses-tu orphelin
Rivière tu étais ma plus chère amie
Rivière tu es devenu ma plus grande ennemie
Regarde le monde ne me trouve plus malin

Mes parents perdus
Dans un incendie
Provient dans la nuit du vendredi
Le ciel et la terre a changé sa figure
Qui est arrivé ?
Pleure sur toute l'étendue de l'univers

Tu es devenu Rebel
Criminel
Tueurs
Malfaiteur
Peuples meurent des faims

Tu as laissée plusieurs enfants orphelins
Des mamans, sont restées des veuves
Tu as emporté leurs sauveurs
Elles n'ont plus des rêves
Regarder les visages brûler par la misère
Le chemin de ma vie est effacé
Vivre dans cette vie je me sens chute d'eau tombant de roche en rocher
Je deviens nomade
La misère inonde ma face
Des courses folles dans le vide
La vie devienne amide

Des enfants perdus
Des maisons incendiées
Mes parents vous m'avez laissés sans espoir
La vie pour moi est devenue amer

Je dépose cette lettre au bord de la rivière
Partout vous y serai, que je vive en vous pour toujours

DITES-NOUS NOS FAUTES

Dites-nous nos fautes
Regarde, la source de nos pleures c'est toi

Nous sommes privés des joies
Nos âmes emportées la perpétuité
On nous traite comme des siamois
Nos vies rejetées
Nos parents où êtes-vous ?
Nos vies deviennet une publicité

Nos vie sur la terre sont suspendues
A cause de toi rivière
Nos voix sur la terre ne sont plus entendues
Oh! rivière tu nous fais traverser les calvaires
Tu nous laisses assumer par la misère
O, pluie
Rivière
A cause de toi les gens ne dorment plus

Nous n'avons plus des joies de vivre
Le monde tonne sur nous
Des travaux lourds nous supportons, pour survivre
Nous vivons dans les désarrois
Où est nos pouvoirs
Et nos gloires
Nos vies dégouter
Etre dans ce monde où ne peuvent plus nous écouter
Nos droits ne sont plus exécutés

Quel sera nos futurs
Et que le noir entoure mon futur
Nous appelons le vent de nous emporter
La vie sur terre nous a saboté
Rivière, rivière
Regarder, le monde rempli de larmes

Tu as ravagé plusieurs âmes
Tu as laissé le monde sans charme

Tu as ravagé plusieurs membres de nos familles
Mes quatre frères
Même Justine notre unique fille
Sa gravera dans notre histoire

C'était, c'est dit, qui vivra verra
Le 17 Avril c'était ! L'infernal
Dans la ville d'Uvira!

Nos peaux sont brillantes comme un four
Par l'ardeur de la faim et de l'amour
Tu nous as laissé, des orphelins
Des courses folles sans fin
Ventre creux, nous mourrons de faim
La souffrance est devenue notre parfum

LES MONTAGNES DISLOQUEES, EFFONDRER

Je vois tous les habitants mourir
Toute l'étendue de la ville est remplie des terreurs
Je vois les dirigeants se trahirent les uns et les autres
Qui ordonne l'ordre ?
Tout le monde devient le maître

Des cassures des montagnes
Provoquent l'éruption volcanique
Toute la ville brulée par le feu

La terre est envahie par la polémique
Le peuple se demande c'est le Seigneur
Ou c'est le diable qui règne
Cris de larme, des mystères
Remplis toutes étendue de la terre

Nos collines, plaines, montagnes déboisées
Destruction de la nature
Déclanchement des terres
Toute étendue est remplie des funèbres
Tout Uvira est envahi par la fumée
Enfer a libéré sur la ville l'esprit de l'abime
La lune s'obscur
Toute la ville envahie par les ténèbres

Des roches, des éboulements des terres
Toute la population en étonnement
Je vois, très loin les montagnes de Munanira en éboulement
Mystère
Colère

Misère
Blasphème sur les étendues de la terre
Des tourmentassions
Nous amener à la destruction

Sans qui s'occupe des trônes, rejeté le pouvoir
Ils fuient leur nature
Que la population ne puisse le voir
D'où viendra le Messie
Pour nous secourir jusqu'ici

La ville détruite
Que Lumumba lui-même ressuscité
Ton offrande que tu nous as offerte
Ces crocos ont profané ta nature
Lumumba pleure son pays
Uvira, Bukavu, mal construit
Oh ! Uvira
Oh : Bafuliiru, Bavira
O pleure Uvira

LE VOLCAN EN ERUPTION

Les peuples sont dispersés de leurs côtes
La cité envahie par l'éruption volcanique
Munanira envahi la ville d'Uvira
De cassure de terre à Kilomoni vers Kavimvira

Le feu brille envahi par la fumée
Les peuples s'étonnent que la terre arrive à la fin
Si ce sont nos enceintes qui ont fait du mal
Ne sont plus encore
Et ce nous qui portons la peine
De leurs iniquités alors

Tout Uvira sera en terreurs
La ville est en danger
Toutes nos maisons, villes seront saccagées
De l'air toxique remplira la nature
La ville changera son visage
On dira village

Nos sœurs seront perdues
La vie des vivants sur terre
Sera suspendues
Des morts sur toute la ville
Cris des mystères
Des teneurs
Sera pire comme l'enfer
L'obscurité enfermera la lune
Les peuples courront sur l'ombre de la mort
La déesse de l'abime occupera la couronne
Des tremblements des terres
Toute la ville sera emportée par la fumée

Le feu n'aura pas la fin
Tout le monde se trahira les uns les autres
Plusieurs enfants resteront orphelins
Les peuples plairont, et dirons

Eté dites par les prophètes et les apôtres
Prions Dieu que les jours soit abrégés

MISERE DU SIECLE

Pleure, misère
Colère de larmes
Cris des mystères
Blasphème sur toute étendue de la terre

Les Rois de la terre se tournent
Et se retournent
Des lions des loups rejettent les trônes
La déesse de la mère occupe la couronne

Des épidémies, des maladies, pandémies polluent l'atmosphère
Les jours s'évanouissent comme l'ombre
Les cris du peuple
Toneur mystérieux sur terre
Des scorpions, des sauterelles des papillons
Infectés la planète
Querelle
Colère

Tremblement sur toutes les étendus de la terre
De lacs, des rivières ses dessèchent
La mort, la famine sur toutes les planètes
Des tourments, des accusations
Tous les Rois de la terre trébuchent
Cris des secours
Des recours
L'argent se tait
Des grandes puissances, de la terre
Occupent le pouvoir
L'eau
Le vent,
L'air
Toute l'étendue est remplie des polémiques
Des vents violents, de l'air toxique
Rendent la terre maléfique

L'eau est devenue sauveur
On dirait angélique

PROTEGE LA NATURE

La ville est déboisée
Dans nos collines montagnes plaine rasée
Le feu de brousse
Pollue l'atmosphère
Calosome brisée
Catastrophe sur toute étendue de la terre

Nos montagnes, plaine nu
Les oiseaux se misent à la vengeance
Ils n'ont pas l'endroit à construire leurs nids
Brulures des arbres amènent la menace
Des érosions pluviales
Détruit la ville

Les gens attrapent la malaria
Par la force du rayon solaires
Des constructions au bord de la rivière
L'eau manque à respirer
La destruction de la nature
Propagation des maladies sur toute l'étendue de la terre

Déboisement des arbres
Rend la nature maléfique
Loin de mon lac
Uvira est pollué
Plante les arbres
Arbre les poumons du monde

Ne coupe pas mon arbre
La terre est en danger
Destruction de la terre
Menant sera la fin du monde
Prolifération de la nature
Amener la vie difficile sur la planète
La souffrance de vie inonde

Prolifération de la nature
Amène la vie difficile sur la planète
Protéger, la nature
Arbre c'est l'oxygène du monde

ANNEE 2020

C'est une année de l'histoire
Sur toutes les planètes
Le peuple se demande si c'est l'enfer
Qui libère son pouvoir sur la terre
Le peuple solitaire
Le peuple meurt, égorgé par la pauvreté

Le taux augmente du jour au jour
La famine, la mort est devenue notre séjour
Déboulement des terres
Des crimes des guerres
La famine nous fait efféminer
Des maladies, épidémies nous dominent

Que sera notre avenir
Et que le pire
Entourent l'avenir
Face brillée par la misère
L'année 2020
Querelle sur toute étendue de la terre

On détruit la formation des élèves
Nos pères, n'ont riens des appâts ni les rêves
Nos mères sont devenues des veuves
Les enseignants impayés ça devient des grèves
Celui qui dit la vérité

On le tue quand il se lève
Regardez leurs cœurs sublimes
Les peuples assumés par la misère
Les peuples sans espoir
Ils vivent dans les désespoirs
Oh ! Le pays de SIMON KIMBANGU
Là, les peuples n'ont plus de goût

Je suis envoyé par la voix de la poésie

Que je puisse commencer par ici
Je ne suis pas prophète
Que je vous prophétise par la prophétie
Mais je suis poète
Pour le dire par la voix de la poésie

UNE PLUIE DILUVIENNE

La pluie est venue menacer la population
Le don donné par Dieu comme bénédiction
La pluie est devenue porteur de malheur
Changement de l'atmosphère
Les yeux mouillés par de larmes
On ne dorme plus, on devient des soldats avec les armes

Tu es devenue malfaiteur
Voleur
Tu as détruit plusieurs demeures
Le peuple traverse de misère
On devient l'ennemie de la pluie
Le peuple ne dorme plus
Cesse-toi que les gens ne pleurent plus

Des pluies en abondance
Surchargent la rivière
De rivières, des lacs se misent à la vengeance
Le vent, la foudre se misent en colère
Mystère
Pleures sur toute la ville

Les morts, des tourments
Des fortes pluies provoquent des inondations
Mulongwe s'est croisé avec la Rivière du Kavimvira
Le peuple pris refuge vers (Bujumbura)
O pleure Uvira
Où courrai-je Bukavu chez Papa Cira ?

Secours, secours
Uvira ville côtière
Ville emportée par la rivière
La pluie emporte le malheur
Tu as laissée plusieurs enfants orphelins
Plusieurs familles ont abandonné leurs ménages

Où se réfugier ?
Des traumatismes, on devient maladroit
La pluie tu nous a laissé sans espoir
Oh ! Dieu de gloire
Fait nous voir et croire

COLERE DU POETE

Ecouter ces cris de larme
Qui saigne le sang dans mon âme
Le peuple délaissé
Taccacée
Menacé
Abandonné
Tu es par les armées

Les porteurs des misères
Dans ce pays là
La chair d'homme n'a plus des valeurs
Vulnérables
Misérables
Visage brille par la sueur
Etre en vie couvert par le suaire

Les hospitalités des étrangers
Qui mettent ce pays dans le danger
Ce sont eux qui nous ? qui nous font des choses étrange
Ils nous font des morts
Des maladies
Epidémie, pandémie

Plusieurs femmes sont restées des veuves
Les enfants orphelins
La souffrance sans fin
Ils meurent de faim
Ils ont perdu leurs rêves
Leur peau dégage la chaleur

Mes larmes coulent sans cesse
Les peuples vivent une immense souffrance
Les peuples les plus riches des toutes les planètes
Les peuples les plus égorgés de douleurs par la

pauvreté
Je le cri par cette dédicace en slamme
Qui coule mes larmes
Qui porte du drame
Non plus les charmes

LE SANG DU POETE

Je manque à m'exprimer
Ni par où commencer
Mes yeux mouillés par des larmes
Condensés, menacés
Cœur brisé, égorgé par des douleurs
Poète abandonné, vie dans le désespoir
Comment proclamer la victoire
Et que les peuples vivent dans le désespoir

Nous n'allons pas ou changement
Lorsqu'il n'y a pas à manger
Querelle entre papa et maman

Sans espoirs les peuples vivent au taux du jour
Cris des larmes
La famine devient notre concours
Les jeunes se jettent dans des troupes armées
Des viols, de tueries qui se commentent à Kawizi
Nos frères tués à Fizi

Dans mon cœur le sang saigne
Qui viendra nous secourir ?
Et que le diable règne
Laissez-nous mourir
Que mon cœur soit emporté
A la perpétuité

Parle, poète
Peuple disait les fautes c'est notre droit
Je ne peux accepter
Les désordres n'importent quoi
Devant la masse je diminue mon poids
Je veux quitter ce monde, ne me demande pas pourquoi ?

SE PLAIGNE CONTRE LA RIVIERE MULONGWE

Je me plaigne contre la rivière
Tu nous changes nos plans des vies
Nous tués et nos biens ravis
Je porter mes plaintes contre toi
Etant écrit demain, c'est Dieu seul sait l'avenir
Le 17 Avril nos familles sont dispersées
Comme les brebis à la chasse

Plusieurs familles ont oublié leur destination
Les biens détruits par la rivière
Les gens meurent de la tension
On est plus sédentaires
On devient des nomades
Tentatives des pluies, tous on a tombé dans son embuscade

Le chemin devient difficile à trancher
Je veux te poursuivre jusqu'à la fin
Nous tués et détruire nos demeures
Saboter ma vie et me laisse dans des pleures
Tes plaintes ne seront pas pardonnées
Que le ciel et la terre diront Amen.

Sur quel tribunal tu parleras ?
Et où tes pêchés tu te repentiras ?
Et quel juge te jugera ?
Quel coupe des condamnations tu buvera ?
Détruire la ville sans armes
Emportés plus de 58 âmes.

Le monde se venge contre toi
Destruction de nos maisons, emporté nos toits
Le monde devient jaloux et se tonne sur moi
Tu es sans pitié
Tes crimes ne sont pas même à justifier

Vers la mort que tu sois crucifier.

LA JOURNEE DEVIENT LE SOIR

J'étais en dormi la nuit
Vers minuit
J'attendis une forte pluie
Vers 1 heure toute Uvira envahi par les bruits
Des rivières, lac, des fortes pluies, des ruisseaux
Ce sont misent en combinaisons
Par une grande colère, ils ont ravagé
Toutes la ville, nous tué et fuirent nos ménages

J'ai pris le stylo et la feuille j'écrits
Ces drames en poème
Qui verse les larmes dans mon âme
J'exerce la plume sur la page de feuille
Mais les pensées maigris
La vie m'a tourné la page
Tout courage que j'avais
La rivière a tout pris

Je deviens fou
Des pleurs, traumatisme dans la boue
Le sang dans mon corps ne marche plus
Je vois ma valeur sur la terre fini
Je deviens malhonnête
Sur cette terre je me sens être permuté
Mes biens perdus mon cœur à la persécuté
Dans cette vie misérable, je me sens quitté

Ma femme, mes enfants perdus
Mes biens, ma maison détruite
L'ombre de la mort me toque à la porte
Je me sens d'être pendu
Les bienfaits et le mal ce sont nos fruits
Le monde me prive de joies
Je marche à supporta la croix
Vers calvaire, pour reposer ma foi

Je suis tombé de ma part
Là où personne ne peut plus me voir
Je suis perdu et abandonné
Cette vie nostalgique que je mène

Je sème de larme à mon vin
Je mange de la poussière
A ma nourriture
Ma tristesse est plus grande

Je sème de larme à mon vin
Je mange de la poussière
J'écris ce texte pour exprimer ma colère
Vous faire comprendre la source de pleure de l'écrivain.

SEPHANIE KIKALAGE Patrick

LA VIE D'UN ENFANT ORPHELIN

Depuis le 17 Avril mes parents m'avaient quitté
Mes pensées tournes vers eux qui mes gâtés
Aujourd'hui, je manque qui va me supporter
Tout le monde déniche ma capacité

Ils ne sont plus ici, sont dans le sol
Du lundi je me rappel
Ils m'envoyés à l'école
Aujourd'hui j'ai maigris, je reste aux épaules
Trop des pensées aujourd'hui je prends l'alcool

Aujourd'hui, je commence à vivoter
Moi qui avais les parents qui me supportaient
Ils me conseillaient de dire la vérité
Dans la vie, éviter d'être connaisseur
Cultiver la charité

Le monde ne veut plus écouter ma voix
Quand je passe on me pointe les doigts
Je suis condamné à des fautes sur base de quoi ?
Je me demande si la mort existe pourquoi ?
Voici ! Ce réussi papa ; réveille-toi.

La vie pour moi n'est plus belle
Je passe mon séjour à la surface des poubelles
Je suis négligé et surnommé rebelle
Ma vie change du gout on dira corbeille

Rivière, rivière pourquoi as-tu pris mon père
Ce ça ! La côte de vie que je réussi
J'ai la peur
Donnez-moi la force d'endurer
Et je dirai
A la terre
La rivière

La mort
Merci

Bibliographie

Larousse Pr la grande encyclopédie. Tome 18, édition des encyclopédies Larousse., paris, 1976, Page 11580. Pp 11146 – 111580

D'autres informations.

En Lisbonne, le 1èr 1755, le séisme meurtrier qui a détruit le Portugal cause probablement des fissures et de glissement océanique du Sud-Ouest du Portugal

San Francisco (1906)

Tokyo et yokohan (1923)

Maroc en 1939

Turquie en 1939

Iran en 1962

Pérou le 31 Mai 1970

Printed by Books on Demand GmbH, Norderstedt / Germany